EDITION W

Dietrich Brüggemann

Wer parkt denn hier sein Mofa mitten auf mein Sofa

Mit Illustrationen
von Dennis Rudolph

Mehr über unsere AutorInnen und Bücher:
www.edition-w.de

Die Deutsche Nationalbibliothek verzeichnet diese Publikation in der Deutschen Nationalbibliografie; detaillierte bibliografische Daten sind im Internet über http://dnb.d-nb.de abrufbar.

Das Werk einschließlich aller seiner Teile ist urheberrechtlich geschützt. Jede Verwertung ist ohne Zustimmung des Verlags unzulässig. Das gilt insbesondere für Vervielfältigungen, Übersetzungen, Mikroverfilmungen und die Einspeicherung und Verarbeitung in elektronischen Systemen.

2. Auflage 2024
ISBN 978-3-949671-16-6
© Edition W GmbH, Neu-Isenburg 2024
Umschlaggestaltung: Johannes Bröckers
Satz: Publikations Atelier, Weiterstadt
Druck und Bindung: Pustet, Regensburg
Printed in Germany

DER AUTOR ZUM ILLUSTRATOR

Dennis soll mit seinen Malsachen
irgendwas in diesem Saal machen.

Als wir in der Wiese lagen
wollt ich mich an die Liese wagen
jetzt muss ich mich der Liese wegen
erstmal in die Wiese legen.

Er hat schon um viele Damen gekämpft
die Freude war, als sie kamen, gedämpft.

Der Zahnarzt greift zum Hackebeil
und macht damit die Backe heil.

*

DAS LEBEN

Erst macht man den Rücken krumm
dann kriecht man an Krücken rum.

Es war schon vier Uhr
als ich zu ihr fuhr.

Ich will mich mit dem Föhn schinden
dann werden sie mich schön finden.

Sage mir, du wilder Mann:
Wann wirst du endlich milder? Wann?

*

Am Ende bin ich allein gewesen
und habe bei einem Wein gelesen.

Kann ich noch meinem Kumpel Franz trauen?
Er zählt sich jetzt zu diesen Transfrauen.

Wann verspüren Frauen Lust?
Wann hingegen lauen Frust?

Unsere Freuden sind leiblich gewesen
zum Glück ist meine Frau weiblich gelesen.

*

KUNSTGENUSS IN FRANKFURT

Besuche mit mir Schirn und Städel
sonst hau ich dich auf Stirn und Schädel.

(Anm. Dieser Text wurde, kaum war er auf Facebok zu lesen, dortselbst umgehend gelöscht wegen Verstoß gegen die Gemeinschaftsrichtlinien.)

Er ist nur vom Sex platt
sie hat den ganzen Komplex satt.

Sie hat all ihre Kinder getauft
und den Vater hat sie bei Tinder gekauft.

FERNSEHEN IN DEN 90ERN

Ich schau mir jetzt Hans Meiser an
denn dort kommt André Eisermann.

*

ONLINE-DISKUSSIONEN

Vom Gefühl, zu sein wie Sophie Scholl befeuert
schreib ich dir in die Timeline: Du bist voll bescheuert.

KATHOLISCHE THEOLOGIE

Der Herrgott schickte seinen Klon
zu uns als seinen kleinen Sohn.

KATHOLISCHE THEOLOGIE (2)

Wenn man sich im Himmel paart
wird dann auch der Pimmel hart?

Am Anfang: Mein Kampf
am Ende: Kein Mampf.

*

Ich kenne ein paar nette Bullen
doch meist sind sie im Bette Nullen.

Der Mensch wird nur beim Schaffen edel
sonst hat er einen Affenschädel.

AUS DER GESCHICHTE LERNEN

Das, was niemals soll geschehen
haben wir bei Sophie Scholl gesehen.

FRISEURBESUCH

Kopf oder Zahl:
Zopf oder Kahl?

*

NACH DEM NOROVIRUS

Wie schön es doch ist, im Bette zu liegen
und sich nicht auf der Toilette zu biegen.

ABSCHIEDSLIED

Bis gestern lag mein Herz im Schmalz
jetzt fühl ich nur noch Schmerz im Hals
hab alles, was ich fand, gehasst
bevor ich deine Hand gefasst
lang riefen meine Triebe laut
ob eine meiner Liebe traut
hab lange nach dem Sinn gehetzt
mit dir hab ich mich hingesetzt
hab gar nicht mehr an mich gedacht
und alles nur für dich gemacht
bis wir dann in den Seitenstraßen
stundenlang beim Streiten saßen
drum musste es ein Ende geben
so endet die Legende eben
die Trennung war 'ne gute Wahl
und mir ist deine Wut egal.

FÜR MEINE TOCHTER (JETZT)

Ein braver Hai
frisst Haferbrei.

*

FÜR MEINE TOCHTER (SPÄTER)

Wenn Papa durch den Wald irrt
dann weißt du, dass er alt wird.

Kannst du mir ein Messer borgen?
Vielleicht jetzt gleich, doch besser morgen.

Das Kind hat ihren Leib bewohnt
doch womit wird das Weib belohnt?

Hörst du das zarte Wimmern
aus den Wartezimmern?

*

EUROPA IM 21. JAHRHUNDERT

Der Mensch ist tief im Bauch verroht
und überall herrscht Rauchverbot.

RATSCHLAG AUS KASSEL

Lasst euch von den Hessenfrauen
ordentlich in die Fressen hauen.

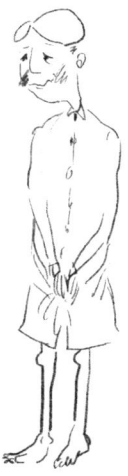

ONLINESHOPPING

Gegen die Verklemmtheit
hilft bestimmt ein Hemdkleid.

Wenn ich was über Bach such
dann lese ich ein Sachbuch.

*

Was die Bäckerei nicht ohne Mehl kann
kann der Buchhandel nicht ohne Kehlmann.

Sie sagt, sie wolle keinen Mann
womit sie mich nicht meinen kann.

Mein Kuss
ist kein Muss.

Heute hab ich mich beim Kochen verwürzt
das hat mein Leben um Wochen verkürzt.

*

DIE LEIDEN DES JUNGEN WERTHER

Sie blieb auf all mein Werben still
weswegen ich jetzt sterben will.

Mach die Dächer, wo sie lecken, dicht
dann erst reparier das Deckenlicht.

Das Nordlicht
gefällt dem Lord nicht.

GESPRÄCH IN DER KNEIPE

Ich will ihr meine Liebe schenken
und sie will, wenn ich schiebe, lenken.

*

GESPRÄCH IN DER SHISHABAR

Mein Freund, du bist ein Ehrenmann
fang dich zu vermehren an.

Ich sprach zum Fürsten Metternich:
Behandle etwas netter mich.

PARTEIPROGRAMM

Ich will das Volk mit Schinken locken
und die veganen Linken schocken.

Man kann sich nach der Pflaume bücken
man kann sie auch vom Baume pflücken.

*

Es gibt so schrecklich viele Zicken
die wollen nur ohne Ziele ficken.

Mach morgen Suppe, heute Brei
das macht die schärfsten Bräute high.

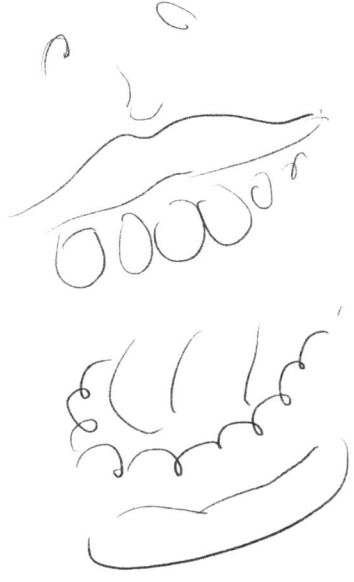

Sie rief: Hurra, ich lass es krachen
und dann erklang ihr krasses Lachen.

Die Welt gehört der schlauen Frau
doch sind nicht alle Frauen schlau.

*

MÄDELSABEND

Erst riefen alle drei: Ich bin schick
dann ertönte ein Schrei: Ich bin dick.

Kannst du mich auf weiten Strecken
öfter mal zum Streiten wecken?

Viel Schönes hat der Mai gebracht
meine Frau hat Brei gemacht.

Sie war nach seinem Schwanz gierig
und danach wurde es ganz schwierig.

*

Die Sonne soll mir einen Strahl schicken
sonst werde ich mir einen Schal stricken.

Wie fühlt man sich mit einundvierzig?
Man findet alles fein und irrt sich.

AN DIE JUGEND VON HEUTE

Ihr könnt euch nicht von Klicks ernähren
und sonst muss ich euch nix erklären.

EINVERNEHMLICHE ERWACHSENE (I)

Sie hat an meinem Gesicht genagt
warum, das hat sie nicht gesagt.

*

EINVERNEHMLICHE ERWACHSENE (II)

Wenn ich sie in die Scheide beiße
finden wir das beide scheiße.

GRETCHEN ZU FAUST

Ich hab auf den Grund deiner Seele geschaut
dort hat's mir vorm Schund deiner Seele gegraut.

So lange, bis die Wunden verheilen
muss man bei den Hunden verweilen.

MONOLOG DES ALTEN MANNES

Als ich noch beim Bund war
war ich unverwundbar.

*

ANTWORT DES JUNGEN MANNES

Ich muss es dir ganz trocken sagen:
Du kannst verschiedene Socken tragen.

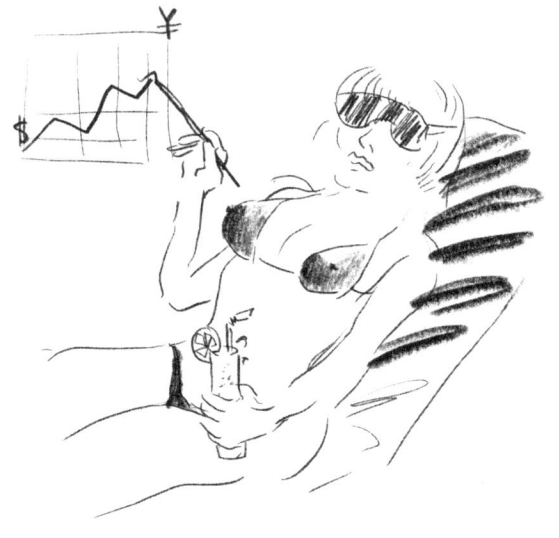

Der eine hetzt durch ein stressiges Leben
der andere gewinnt durch lässiges Streben.

Ich habe heute Nacht gelesen:
Man ist, schon wenn man lacht, genesen.

Lass uns in die Therme wanken
und etwas Wärme tanken.

*

Mein Kopf hat von Kultur geraucht
drum bin ich in die Ruhr getaucht.

FEIERABEND (I)

Siehst du mich vor Gier beben?
Man sollte mir ein Bier geben.

*

FEIERABEND (II)

Ich will mein Nierenbecken
mit ein paar Bieren necken.

FEIERABEND (III)

Komm, wir trinken Sachsenwein
und pfeifen aufs Erwachsensein.

Mir sagt mein sicheres Stilgefühl
im Zimmer steht zuviel Gestühl.

*

Es hat in etwa so geklungen
als hätt'st du auf dem Klo gesungen.

Die Welt ist voller schlimmer Zeichen
du siehst sie schon durchs Zimmer schleichen.

EIN SONNTAG IM MÄRZ

Sei doch nicht so stur, Ellen
ich will doch nur die Uhr stellen.

*

DEUTSCHER LEBENSLAUF

Ich war mal in einer Bank angestellt
und wurde dort wegen Gestank angebellt
dann bin ich bei einer Frau gesessen
die hat wie eine Sau gefressen
Wir wurden bei einem Bier getraut
und haben ein Haus in Trier gebaut
doch dann war's aus, wir machten Schluss
weil man das Schöne schlachten muss.

*

HOCHZEITSGEDICHT (I)

Ich hab mich an einen Festen gebunden
den hab ich nämlich am besten gefunden.

HOCHZEITSGEDICHT (II)

Füge zu deinen Worten Taten
dann wirst du zwischen Torten waten.

Wenn wir jetzt allein wären
könnten wir den Wein leeren.

PREUSSISCHE JUNKER

Wir haben uns auf dem Gut versammelt
und sind im eigenen Sud vergammelt.

*

AUS MEINER MUTTER JUGEND

Als ich auf kalter Wiese ging
da spielte Walter Gieseking.

Hängt euch eure Roben um
und zwar bitte obenrum.

WOHNUNGSSUCHE

In den Zimmerecken
sitzen immer Zecken.

NACHTS IN DER THEATERKANTINE

Wenn der Intendant ins Ziel speit
endet die Spielzeit.

*

Kann ich diese Maus essen?
Ich muss sie vorher ausmessen.

WEIHNACHTEN

Weil meine Schwester Ute pennte
gab es bei uns statt Pute Ente.

SEEMANNSGARN

Das Lied, das ich beim Tee sang
das handelte vom Seetang.

ERNÄHRUNGSUMSTELLUNG

Ich lief mit drei Pudeln durch Nizza
und ersetzte Nudeln durch Pizza.

*

Ach wie schrecklich, die sengende Hitze
setz dich mit mir in hängende Sitze.

*

NATURLYRIK

Ich hab nen fiesen Riecher
für Riesenviecher.

*

Siehst du dort den Hund graben?
Der wird schon seinen Grund haben.

Ich hab mir einen Geier gefangen
und bin mit ihm auf eine Feier gegangen.

MEINHOF UND ENSSLIN

Das waren radikale Damen
die wegen der Randale kamen.

*

Ich dachte irgendsowas
als ich mal irgendwo saß.

ENTWICKLUNGSROMAN

Das Glück ist hin und her geschwappt
ich habe es sehr schwer gehabt
ich musste eine Stunde warten
und dann mit einer Wunde starten
bin dann auf eine Biene getreten
wurde in die Latrine gebeten
bin dann von Leipzig nach Halle geeilt
da waren meine Schmerzen fast alle geheilt
und der Wein hat mir trotz meiner Sorgen gemundet
deswegen bin ich ab morgen gesundet.

Ich frage mich schon lange Zeit
wer mir wohl seine Zange leiht
und grüble schon das ganze Leben:
Wer wird mir eine Lanze geben?

Ich steh hier und belauer dich
erscheint dir das bedauerlich?

*

Schon Shakespeare hat in seinen Stücken vermerkt:
Mich stören am Abend die Mücken verstärkt.

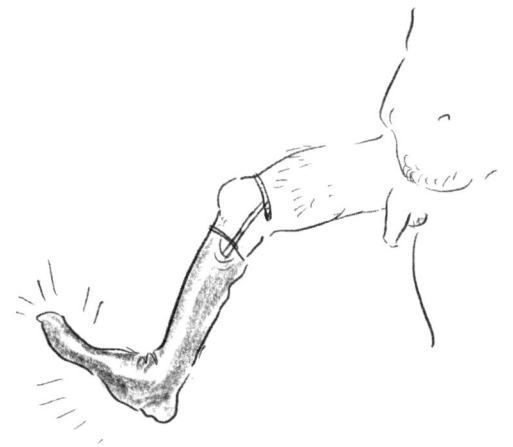

Ich habe wirklich schöne Socken!
Das wird noch meine Söhne schocken.

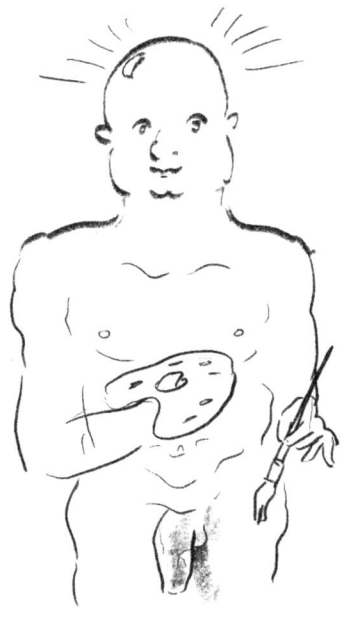

Ich wünsch mir einen kahlen Mann
der ausgezeichnet malen kann.

Lassen Sie mich offen sein:
Das fällt mir nur besoffen ein.

Stell schon mal das Bier kalt
Ich treffe Udo Kier bald.

Du kannst das Kind nicht mit der Kelle stillen
das würde es doch auf der Stelle killen.

Wollen wir das Thema zankend verdichten?
Nein, darauf möchte ich dankend verzichten.

Aus Schopenhauers Hausregeln
kann Nietzsche sich nicht raushegeln.

Sie ist im Büro sehr kleinlich
dafür auf dem Klo sehr reinlich.

Lass ich mich mit Frieda ein
oder soll ich Ida frei'n?

Wenn die Sonne im März scheint
ob sie das als Scherz meint?

Mich brennt's in meinen Reiseschuhen
ich mag nicht in der Scheiße ruhen.

Bin ich nicht hier noch da
so bin ich dir doch nah.

Lass uns an Land streben
dort tobt das Strandleben.

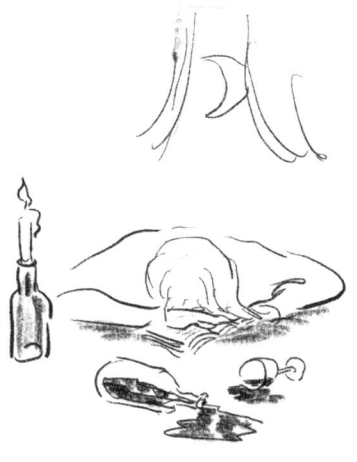

Bist du heut allein gewesen
und hast bei einem Wein gelesen?

BILANZ EINES DICHTERLEBENS

Ist die Sache leer?
Egal, ich lache sehr.

Nachwort

Im Jahr 1997 war ich Zivildienstleistender und wohnte in einem Studentenwohnheim. Es war ein elfgeschossiger Betonklotz aus den 60er Jahren, man hauste in Zehn-Quadratmeter-Zellen, von denen sich auf jedem Stockwerk 16 befanden und sich jeweils eine Küche und zwei Bäder teilten. Unten im halbdunklen Eingangsraum standen drei derangierte Sofas und zwei Couchtische, auf denen eine gleichbleibend drei Monate alte Ausgabe des »Spiegel« bereitlag, die mit einer rasselnden Kette festgeschraubt war. Es gab einen klapprigen Aufzug, dessen Wände mit Inschriften übersät waren. Die Sprüche überlagerten sich, einige waren mit Edding geschrieben, andere einfach in den

Lack gekratzt. Eines Tages aber erschien in diesem Aufzug ein neuer Spruch. Er lautete:

Wer andere in die Möse beißt / ist böse meist.

Ich empfand die unmittelbare Gegenwart dieses Spruchs nicht als angenehm, und anderen Aufzugbenutzern ging es ähnlich. Bald schon fanden sich unter dem Spruch tadelnde Kommentare, der anonyme Dichter wurde scharf kritisiert, und irgendwann wurde der Spruch einfach übermalt oder weggekratzt, doch kurze Zeit später war er wieder da. Wieder fanden sich feindselige Kommentare, wieder verschwand der Spruch und tauchte dann an anderer Stelle erneut auf. Das ging so durch zwei oder drei Runden, dann wurde eines Tages die gesamte Aufzugkabine neu gestrichen, erstrahlte im zeittypischen 90er-Jahre-Türkis, gänzlich frei von Gemälden und Graffiti. Doch wenige Tage später erschien auf der unberührten Blechwand eine neue Inschrift, und sie lautete wieder:

Wer andere in die Möse beißt / ist böse meist.

Bei aller sprachlichen Grobheit muss ich dem anonymen Dichter eins zugestehen: Es handelt sich hier um einen formal korrekten Schüttelreim. Also ein Teilgebiet der Poesie, das mich fasziniert

hatte, seit mein Vater mich irgendwann mit dem Thema bekanntgemacht hatte. Er hatte die Klassiker auf Lager: »Ich geh jetzt in den Birkenwald / denn meine Pillen wirken bald« oder »Es sprach der Herr von Rubenstein: Mein Hund, der ist nicht stubenrein.« Ich war von diesem simplen Mechanismus auf Anhieb begeistert. Mein Vater hatte damals einen Kollegen namens Tober, dem zeitweise eine Affäre mit einer Kollegin nachgesagt wurde, also dichtete ich:
Wenn ich zu Herrn Tober eil' / entgleitet mir mein Oberteil,
und mit derartigen Reimen verbrachte ich dann einen Großteil meiner Jugend.

Aber was ist eigentlich das Schöne am Schüttelreim?
Will man über Schüttelreime nachdenken, dann muss man aber zunächst über Reime nachdenken, denn der Schüttelreim ist ein Spezialfall des Reims, und der Reim ist, wenn man es recht bedenkt, ohnehin ein seltsames Ding. Man reiht Worte rhythmisch aneinander und beendet zudem die Zeilen mit Silben, die jeweils ähnlich klingen. Wozu der Aufwand? Könnte man das, was man mitzuteilen hat, nicht auch ungereimt mitteilen? Also beispielsweise statt

Wie herrlich leuchtet mir die Natur
wie glänzt die Sonne, wie lacht die Flur

es dringen Blüten aus jedem Gesträuch
und Vogelstimmen aus jedem Zweig

könnte man doch einfach sagen: »Es ist Frühling, die Sonne scheint, Vögel singen, die Pflanzen blühen, ich finde das schön.« Oder statt

Hast du etwas Zeit für mich
dann singe ich ein Lied für dich
von 99 Luftballons
und das so was von sowas kommt

wäre die Aussage »Wenn du einen Moment erübrigen kannst, dann würde ich dir gern ein Lied über 99 Luftballons und andere Dinge vorsingen« inhaltlich identisch, aber kürzer, also effizienter.

Natürlich wäre das absurd. Wir wollen, dass es sich reimt. Unser Schönheitsempfinden ist ja angeblich vor allem dafür da, genetische Fitness zu erkennen. Was symmetrisch und ebenmäßig geformt ist, das signalisiert Gesundheit und Fortpflanzungsfähigkeit. Das Rad des Pfaus dient zu nichts, außer dazu, der Damenwelt zu zeigen, dass man es sich leisten kann. Und in gewisser Weise dient ja auch jegliches Radschlagen, Herumrennen, Fußballspielen, ja auch Dichten und Musizieren, das wir Menschen betreiben, letztendlich nur zur Demonstration, dass man es sich eben leisten kann. Diese Sichtweise mag biologistisch und verkürzt sein, aber sie ist deswegen nicht falsch. Wer reimt, der zeigt also, dass er souverän und eloquent genug ist, seine Sprache völlig inhaltsfremden Regeln zu unterwerfen und trotzdem noch das zu sagen, was er sagen will. Es zieht eine zusätzliche Schikane der Komplikation ein, in deren Beherrschung sich dann die Meisterschaft zeigt.

Ich behaupte aber: Im Erkennen des Musters, der Regelmäßigkeit und damit der Schönheit liegt doch noch etwas anderes also bloße evolutionäre Fitnessprotzerei. Das Rad des Pfaus ist ein Abbild des Kosmos. Der Flug der Schwalbe ist ein Stück Weltenharmonie, genau wie das Netz der Spinne, das Uhrwerk der Sterne, der Tanz der Fische, die unendliche Wendeltreppe der DNA-Spirale, der Reim und auch der Schüttelreim. Diese Sichtweise mag schwärmerisch bis pathetisch sein, aber falsch ist auch sie deswegen noch lange nicht. Man kann es auch mit Michael Ende sagen: Ein Buch oder ein Lied verändern oder verbessern nicht die Welt. Sie sind ein Stück verbesserte Welt, genau wie ein Berg oder ein Baum.* Wer etwas Schönes erschafft, und sei es ein Schüttelreim, der leistet also einen kleinen Beitrag zur großen Harmonie der Welt, und was könnte sinnvoller sein.

(Das Zitat ist aus dem Gedächtnis ungenau zitiert, da ich gerade keine Zeit habe, es herauszusuchen.)

Es kommt aber noch ein drittes Element hinzu, und zwar eines, das beim Schüttelreim besonders ins Gewicht fällt. Die zentrale Frage der menschlichen Existenz (und auch in der Kunst) lautet ja eigentlich: Was soll ich jetzt sagen? Der kanadische Psychologe Eric Berne (1910-1970) hat das klar erkannt, indem er seinem sehr lesenswerten Hauptwerk den Titel »What do you say after you say hello« gab. Das zähe Schweigen, das Ringen nach Worten, die Unfähigkeit zum Small Talk und der quälende Blick des Autors aufs leere Blatt sind im Grunde ein und dieselbe Sache. Der Komponist, dem nichts einfällt, spielt ein paar zufällige Töne, oder seine Katze spaziert übers Klavier, und voila! Schon ist eine Melodie da, die es zuvor nicht gab, die Inspiration fließt, der Künstler ist im *Flow*, und die Harmonie der Welt ist wiederhergestellt. Die Göttin des Zufalls stellt Sinn her, wo wir zuvor im Schweiße unseres Angesichts stundenlang beim Versuch gescheitert sind, ihn herbeizuzwingen. So funktioniert auch die Gnade des Reims: Wenn ich gezwungen bin, ein Reimwort zu finden, dann gelange ich auch inhaltlich zu Dingen, auf die ich sonst nie gekommen wäre. Ich selbst durfte diese glückliche Erfahrung machen, als ich mir im Jahr 2011 in den Kopf gesetzt hatte, zu jeder Szene des Films »3 Zimmer Küche Bad« eine gereimte Alternativversion zu drehen. Ich musste dafür das ganze Drehbuch nochmal in Reimen schreiben, und die

Verse, die damals entstanden, erscheinen mir bis heute ein ganzes Stück klüger, als ich selbst damals war und vermutlich immer noch bin. Und dieses Element des Zufalls als Inspiration ist beim Schüttelreim aufs Äußerste gesteigert. Man hat zunächst nichts als ein Wortpaar, das üblicherweise vollkommen absurd ist, und dann muss man eben weite Geistesreisen in alle Himmelsrichtungen machen, um aus dem sinnlosen Reimpaar etwas zu machen, das einem am Ende vor lauter Sinnhaftigkeit geradezu ins Gesicht springt – zumal der Schüttelreim durch sein strenges Regelwerk ja wie ein zwingendes Naturereignis wirkt. Wenn ein vollendeter Schüttelreim auf dem Papier steht, dann sieht es so aus, als hätte der sich selbst gemacht. Der Mechanismus hat es getan, ich als Autor habe quasi überhaupt nichts damit zu tun.

Pubertäre Geister machen sich das gern zunutze und werfen mit unflätigen Worten um sich, so wie der anonyme Dichter damals im Studentenwohnheimaufzug (ich konnte es mir übrigens nicht verkneifen, einen inhaltlich ähnlich gelagerten Parallelreim zu dichten, Sie finden ihn auf Seite 52). Die Attraktion solcher Scherze lässt sich schlecht bestreiten, und auch diese Sammlung enthält einige saftige Beispiele. Letztendlich läuft man aber Gefahr, wenn man sich auf diesem Spielfeld zu ausgiebig herumtreibt, am Ende dazustehen wie ein

Dreijähriger, der »Kackapups« schreit. Außerdem ist der hier begangene Tabubruch heutzutage ohnehin eher überschaubar. Das wird man auch feststellen, wenn man einen Spaziergang durch die Literaturgeschichte unternimmt. Erich Mühsam (1878-1934) war beispielsweise ein großer Schüttelreimer (wüsste man sonst nichts über die Nazis, dann würde allein der Umstand, dass sie einen Schüttelreimdichter ins KZ gesperrt und umgebracht haben, zur moralischen Einordnung völlig ausreichen), und da findet sich folgendes:

Der Schwerverbrecher
Im Kopfe hats dem Vieh getickt.
Er hat mit Sympathie gemordet. (lies: gef....)

Oder auch:

Ich sagte ihr bei Patzenkofer, (lies: Schultheiß:)
dass ich auf ihre Gunst verzichte. (lies: ...)

Mühsam sieht sich hier bemüßigt, das problematische Wort nicht niederzuschreiben, nur um es danach doch zu schreiben. Im zweiten Reim macht er sogar ein zweifaches Ausweichmanöver, indem er erst eine Biersorte durch eine andere ersetzt und dann auch noch die Pointe durch ein Synonym ersetzt, das er danach doch per Wink mit Zaunpfahl auflösen muss, weil sonst ja der Reim kein Reim und die ganze Sache witzlos wäre. Wäre ich ein Freund von Namenswitzen, dann würde ich jetzt sagen, dass mir dieses Vorgehen ein wenig mühsam erscheint. Die Hilfskonstruktionen mit dem Hinweis »lies:« erscheinen uns heute drollig, obsolet und altfränkisch, wir halten uns für moderner und schreiben ungeniert »Scheiße« und »ficken« und was uns sonst so einfällt, aber natürlich hat auch unsere Zeit ihre verbotenen Worte, es sind nur andere Worte, zum Beispiel:

Enthält dein Buch das Wort »kleine Menschen schwarzer Hautfarbe« (lies: N...*lein)
dann sagt dir jeder Verleger: Nein.

Oder denken wir uns ein Streitgespräch irgendwann in den 50er Jahren zwischen Theodor W. Adorno und einem progressiven Kollegen, an einem Freitagabend zu vorgerückter Stunde in einem Sachsenhäuser Äbbelwoi-Lokal, da hätte durchaus der Satz fallen können:

Mir erscheinen Schönberg und Reger so nichtig
doch mag ich den Jazz der Schwarzen (lies: N...*) so richtig.

Quod erat demonstrandum. Ich bin hier leider gezwungen, die Mühsam-Konstruktion zu übernehmen, denn zwar ist keiner dieser Reime inhaltlich irgendwie problematisch, doch enthalten sie eben ein Tabu-Wort, das man gleichwohl nicht ersetzen kann, ohne den Reim zu zerstören, und hätte ich das so aufgeschrieben, dann wäre ich bei meinem Verleger in Schwulitäten geraten oder spätestens dieser beim Versuch, dieses Buch zu verkaufen. Ob »Schwulitäten« auch ein verbotenes Wort ist, weiß ich nicht, aber seine Schüttelreimversion wäre »Tulischwäten«, und daraus lässt sich leider wirklich nichts machen, da ist man dort, wo man beim Versuch des Schüttelreimens sehr häufig landet, nämlich in einer Sackgasse.

Ich ermutige jedoch ausdrücklich alle Leser, sich in diese Sackgassen zu begeben, denn oft ist es dann überraschenderweise doch keine Sackgasse, sondern ein erstaunliches und erfreuliches Labyrinth, in dem man viele schöne Stunden verbringen und zu überraschenden Einsichten kommen kann. Und der Eintritt ist sehr simpel, es gibt nur eine einzige Regel: Die Anfangsbuchstaben oder -laute werden vertauscht. Aus »Kinderheim« wird »Hinderkeim«. »Hinder« ist kein Wort. Also Sackgasse. Macht nichts. Wir finden etwas anderes. Wichtig ist nur, dass die Regel eingehalten wird, denn sonst ist es kein Schüttelreim, sondern einfach nur ein Reim. Hierauf muss man in Gesprächen erstaunlich oft pochen, wenn Leute mit irgendwelchen Reimen ankommen und der Meinung sind, das seien Schüttelreime, und dann gekränkt sind, wenn man ihnen sagt, dass es keine sind. Das ist aber keine Wertungs-, sondern nur eine Definitionsfrage. Ein Vogel, der bunte Federn und einen krummen Schnabel hat, ist eben auch kein Schwan, sondern vermutlich ein Papagei, womit aber nichts über den Wert von Schwänen, Papageien, Tigern oder Faultieren gesagt ist. Ein Reim, der ohne Anfangsbuchstabenvertauschung auskommt, ist eben kein Schüttelreim, kann aber trotzdem sehr schön sein. Im Außenbereich des eingangs erwähnten Studentenwohnheims, an einer Betonsäule in einem finsteren Waschbeton-Durchgang, wo nie ein Mensch entlangging, fand sich einer, der mir seitdem nicht mehr aus dem Kopf ging:

Des kleinen Mannes Sonnenschein:
Bumsen und Besoffensein.

Das ist zwar eindeutig kein Schüttelreim, aber die brutal lapidare Wahrheit dieses Zweizeilers hat mich bis heute nicht losgelassen.

Das Martin-Luther-Heim der Diakonie Regensburg wurde im Jahr 2019 abgerissen, an der Stelle befindet sich jetzt ein Busbahnhof, und nichts erinnert mehr an den Betonklotz, der seine Bewohner zu solcher Poesie inspirierte. Der Schüttelreim aber ist springlebendig und wird weiterleben, solange es die deutsche Sprache gibt (in anderen

Sprachen wäre er technisch möglich, wird jedoch meines Wissens nicht besonders gepflegt, es gibt dann jeweils andere Wortspieldisziplinen). Und da es ja gerade die kleinen, handlichen, unernsten Kunstgattungen sind, die sich als besonders langlebig erweisen (ich muss z.B. gestehen, dass ich von Erich Mühsam außer Schüttelreimen bisher nichts gelesen habe), bin ich guten Mutes, dass ich nach allerhand Filmen, »Tatort«-Folgen, Musikalben sowie einem Roman mit diesem Buch mein hoffentlich langlebigstes Werk vorlege. Oder, um es mit einem ad hoc gedichteten Schüttelreim zu sagen – nein, leider fällt mir gerade nicht staatsmännisch-abschließendes ein, daher wird es doch wieder etwas aus der pubertären Abteilung, und zwar, weil es so schön ist, in der mittlerweile vertrauten Erich-Mühsam-Codierung. Voila:

Wenn ich mit Füchsen und Dachsen verkehre (lies: f...)
hat meine Frau oft die Schnauze voll (lies: Faxen dicke).

Berlin, im Juli 2024

Dietrich Brüggemann

Nachtrag im August 2024
Mir fiel doch noch etwas ein, aber ich bin mir nicht sicher, ob es nicht sogar für dieses Buch zu niveaulos ist. Urteilen Sie selbst.

Die Reime sind von schöner Dauer
und schöner als ein Dönerschauer.

Nachtrag September 2024
Jetzt ist mir doch noch etwas Abschließendes eingefallen:

Und wenn sie nicht gestorben sind,
dann leben sie noch heute
und wenn sie noch bei Kräften sind,
dann heben sie noch Leute.

Dietrich Brüggemann, geboren 1976 in München, ist Filmemacher, Musiker und Autor. Zuletzt erschien bei Edition W sein Roman »Materialermüdung«. Brüggemann lebt in Berlin.

d-trick.de